Dialogue sur l'art et la politique

Ken Loach
Édouard Louis

Dialogue sur l'art et la politique

puf

« Des mots »
Collection dirigée par Édouard Louis

Les auteurs remercient Al Jazeera et l'équipe de « Studio-B, Unscripted » d'avoir rendu possible ce dialogue.

ISBN 978-2-13-082930-0
Dépôt légal – 1re édition : 2021, mars

170 bis, boulevard du Montparnasse, 75014 Paris

DIALOGUE I

Travail et violence

Édouard Louis : Je voudrais commencer par un rapprochement et par une question. Dans mon livre *Qui a tué mon père*, j'ai tenté de restituer la vie de mon père, et il se trouve que mon père, à environ 35 ans, a subi un accident dans l'usine dans laquelle il travaillait. Un poids qui était suspendu par des câbles lui est tombé dessus et lui a broyé le dos. Après cet accident, il a dû rester immobilisé pendant plusieurs années, il touchait une pension d'invalidité, jusqu'au jour où l'État français a décidé qu'il pouvait retourner au travail, qu'il était apte à le faire – alors que je le voyais, moi, se tordre de douleur la nuit du fait des séquelles de l'accident. Simplement, les conditions pour pouvoir toucher une pension d'invalidité ou une aide sociale s'étaient durcies en France, le gouvernement avait décidé de faire des « économies »... Le résultat, c'est qu'à partir du moment où mon père a été considéré apte au travail (selon quels critères ?), il a été harcelé par l'administration qui le poussait à retrouver un emploi ; on lui disait « soit vous retrouvez un travail, soit vous perdez votre pension misérable », c'est-à-dire soit vous mourrez de faim, soit vous mourrez au travail, comme si l'alternative pour les dominés était celle-ci : mourir ou mourir. Et de fait, mon livre a été écrit en partie sous l'influence de ton film sublime, *Moi, Daniel Blake*, dans lequel un homme est harcelé par l'administration anglaise pour retourner au travail, coûte que coûte, en dépit de sa santé désastreuse, parce que l'État s'est globalement désengagé et ne veut plus verser d'argent à un homme comme lui, incapable de travailler. On lui téléphone, on lui demande de présenter des preuves de sa recherche d'emploi, on le convoque...

Tout ça me conduit à penser que ton film parle de persécution sociale et politique. Ce que je constate, c'est que les dominés sont souvent associés au langage de l'exclusion ; on dit les « exclus », la « violence de l'exclusion », alors que ce qui est frappant quand on regarde la vie de mon père ou celle de Daniel Blake, c'est à quel point ces vies sont persécutées, plus qu'exclues, même si les deux mécanismes peuvent aller ensemble. Est-ce que, finalement, l'objet de la domination ne serait pas la persécution, beaucoup plus que l'exclusion ? L'exclusion au sens de pouvoir s'exclure, partir d'un pays, se retirer, quitter un régime politique, c'est souvent un privilège, aussi infime soit-il. On sait par exemple que les migrants qui fuient un pays en guerre sont le plus souvent des personnes des classes moyennes, ou exerçant des professions libérales, ceux qui peuvent trouver l'argent pour payer un passeur à plusieurs milliers d'euros, et pas nécessairement les plus pauvres. Quand on regarde la vie des Noirs en France ou en Amérique, et qu'on mesure la quantité de violences policières et judiciaires qu'ils endurent, on se dit qu'ils sont beaucoup plus frappés par la persécution que par l'exclusion. Est-ce que tu ne crois pas qu'il faudrait transformer le langage politique traditionnel et, peut-être, placer en son centre l'idée de persécution quand on analyse le fonctionnement de la politique contemporaine ?

Ken Loach : C'est une question difficile. Je veux dire, c'est une très bonne remarque, et je pense que la réponse commence par l'économie. La nature du travail a changé. Les emplois précaires sont de plus en plus nombreux, la plupart de ces emplois sont très mal payés, et il existe désormais des moyens pour les entreprises de ne pas payer le salaire minimum aux employés. À la fin du compte, les gens sont contraints d'accepter des emplois très durs pour un salaire très bas. Et une façon de les contraindre à accepter ces emplois, c'est de faire comprendre à ceux qui ne travaillent pas qu'ils souffriront beaucoup. Et même s'ils ne travaillent pas parce qu'ils sont malades, ou parce qu'ils sont handicapés, on crée une situation dans laquelle faire un travail dégradant et payé une misère est plus vivable que d'être soutenu et assisté par… par nous toutes et tous. Parce qu'ils prétendent que c'est l'État qui est en jeu, mais en réalité c'est nous tous, ça devrait être nous tous, n'est-ce pas ? Si nous vivons ensemble, nous devons veiller les uns sur les autres quand nous sommes en difficulté. Le fait est que, et je pense que c'est aussi vrai en France qu'en Angleterre, le système social est punitif. Pour en bénéficier, vous devez passer trente-cinq heures par semaine à chercher un emploi qui n'existe pas. Si vous ne le faites pas, vous êtes sanctionné, et si vous êtes sanctionné, vous ne recevez plus d'argent. Et puis vous accumulez les dettes. Et puis vous ne pouvez plus payer votre loyer. Et puis vous êtes chassé de votre logement. Et donc, la menace de vivre tout ça est si terrifiante que oui, vous allez finir par accepter un travail précaire et mal payé, juste pour ne pas vous retrouver dans cette situation. Il y a de la cruauté dans tout ça. Je veux dire de la cruauté consciente. Parce qu'ils, ceux qui prennent les décisions, ils savent ce que vivent les gens… Il y a eu un cas comme ça… Oh ! Je pourrais parler de ça une éternité…

É. L. : Tu devrais !

K. L. : C'est l'histoire d'un homme au pays de Galles, dans une agence pour l'emploi, 65 ans, il était malade, son médecin lui avait dit qu'il ne pouvait pas travailler, mais il a été forcé à travailler. Un jour il s'est effondré, il est mort. Et la même chose se reproduit chaque semaine, chaque mois, jour après jour. Qui aurait pu imaginer que, dans des sociétés aussi riches que les nôtres, la faim puisse toujours être utilisée comme une arme ? La peur de la faim et le risque de la faim… Quand je pense à la prolifération des organisations de charité qui distribuent de la nourriture… En Angleterre, deux tiers des banques alimentaires sont gérées par une organisation qui s'appelle la Trussell Trust. Ils ont donné récemment 1,6 million de pounds aux banques alimentaires de charité, et plus d'un demi-million de ce don a été utilisé pour nourrir des enfants. Des enfants ? Franchement ? Nous vivons sous des gouvernements qui traitent les gens avec un mépris absolu.

É. L. : Oui, et comme tu le dis, ce mépris engendre des morts. La politique est une question de vie ou de mort, de meurtre. Appartenir à une certaine catégorie sociale et politique, c'est, de fait, être exposé ou non à une mort prématurée. On sait qu'un ouvrier en France a deux fois plus de chance de mourir avant 65 ans qu'un cadre, que les personnes LGBT se suicident beaucoup plus que les autres, que des femmes meurent chaque jour de la violence masculine... Il n'y a sans doute rien de plus efficace pour saisir le fonctionnement du monde que de tenir la comptabilité des morts. Le plus étonnant, c'est qu'en effet, celles et ceux qui gouvernent savent ces choses-là, on ne peut pas l'ignorer. Tout le monde sait que les ouvriers vivent dans des conditions difficiles, tout le monde sait que la domination masculine existe ou que les Noirs et les Arabes en France sont très majoritairement assignés à la pauvreté, aux banlieues, à la précarité, aux violences policières. La question n'est donc pas : est-ce que celles et ceux qui gouvernent savent, mais : pourquoi gouvernent-ils comme ils gouvernent, sachant ce qu'ils savent ? Et comment faire pour que le savoir – le savoir de la souffrance – soit transformateur, générateur d'action ? J'ai écrit à propos des dominants, dans *Qui a tué mon père*, « ils ne savent pas », mais je pense que je me suis trompé. Bien sûr, ils savent, tu as raison, tout le monde sait, il suffit de prendre le métro ou de marcher dans la rue pour voir la violence sociale et les inégalités économiques. La question centrale de la politique n'est peut-être pas celle de la connaissance et de la visibilité, mais, comme le dirait Geoffroy de Lagasnerie, celle de la dénégation et de la violence. Et c'est un constat qui met en colère, non ? Comment garder son calme quand on parle de politique, si l'on fait ce constat ?

K. L. : Je pense que ce qui pollue l'espace politique, c'est que les discours publics ne reflètent pas du tout les difficultés que les gens rencontrent au quotidien. C'est comme une machine de propagande, nos médias sont partie prenante, et ce qui était avant, dans un pays comme l'Angleterre, une presse plutôt de gauche n'a plus rien de gauche du tout. Mais je crois que c'est dans les livres et dans les écrits, comme dans tes livres, qu'on peut retrouver sa voix. Cette voix devrait être dans nos médias de masse, elle devrait être audible à la télévision, mais on n'entend pas de voix comme la tienne, ou quand c'est le cas, on la marque d'une sorte de mise en garde. C'est ce qui arrive aux gens comme nous, nos prises de parole sont systématiquement marquées d'une mise en garde.

É. L. : Il y a autre chose dont j'aimerais parler avec toi, parce que je ne suis pas sûr qu'on soit d'accord… Comme tu le sais, j'ai écrit principalement sur les communautés postindustrielles du Nord de la France, sur un petit village où, quand j'étais enfant, avant la fermeture et la délocalisation des sites industriels, tout le monde ou presque, les hommes surtout, travaillaient dans l'usine du village… Pendant toute la première partie de ma vie, j'ai vu des hommes souffrir du travail à la chaîne à l'usine, rentrer épuisés du travail, avec des douleurs au dos et aux articulations, le corps courbé par la répétition mécanique des tâches à la chaîne… Tout ça fait que, aujourd'hui, quand je vois des reportages ou des articles qui évoquent la fermeture d'une usine, je ne peux pas m'empêcher de ressentir un certain soulagement, voire une certaine joie, une joie contrariée, mais une joie quand même. Au fond je ne peux pas supporter l'idée que des gens travaillent dans une usine – on sait d'ailleurs aujourd'hui qu'il n'y a jamais eu autant d'usines dans le monde, simplement elles ont été délocalisées, majoritairement en Asie, il n'y a jamais vraiment eu de désindustrialisation, plutôt un déplacement… Évidemment, je vois contre quoi les gens protestent quand ils sont confrontés à la fermeture d'une usine : ce sont les ouvriers et les ouvrières qui seront jetés à la rue, sans travail, plongés dans la précarité et la pauvreté, et bien sûr je suis révolté par ça… Mais je me demande s'il ne faudrait pas reformuler les perceptions politiques, et, dire, dans ce genre de situation : comment est-ce que l'État peut et doit s'organiser pour donner une compensation à ces gens qui perdent leur travail ? S'interroger, plutôt, sur la distribution des richesses et le devoir d'assistance sociale que sur la survie des industries… Il y a des économistes aujourd'hui qui montrent que, grâce à l'automatisation et aux progrès technologiques, nous pourrions vivre dans des sociétés où les individus travailleraient moins : on pourrait taxer le travail des robots, taxer plus le capital et le marché… Je me sens aussi éloigné des personnes qui militent pour la destruction des aides sociales et de l'idée d'assistance que de celles qui disent « il faut sauver nos usines et nos emplois », car je ne souhaite à personne de travailler dans une usine ; j'ai vu des personnes avoir le corps détruit par ce travail, et c'est pour moi, je ne peux pas m'empêcher de le penser, une forme de travail dépassé... Est-ce qu'on ne pourrait pas penser un projet de société qui romprait avec la valorisation du travail ?

K. L. : Oui, mais je pense qu'il y a deux choses à distinguer. La première, c'est que personne ne veut exercer un travail dangereux, sale ou qui s'apparenterait à une forme d'exploitation. Mais en même temps, c'est un instinct naturel, ce qui nous permet de rester engagés dans la société, c'est le fait de tous apporter une contribution à cette société. Tout le monde en fait partie, tout le monde y tient un rôle. Et c'est ce qui procure à chacun une forme de respect et de considération de soi, et une forme de fierté : voilà ma contribution, ma présence a un sens, j'ai une fonction. Et je pense que c'est très important.

É. L. : Mais il peut y avoir d'autres sources d'épanouissement et de considération que celle apportée par ce qu'on appelle traditionnellement le travail.

K. L. : Absolument !

É. L. : Cela peut vouloir dire des gens qui créent de la musique ou de la littérature, ou un club de football, ou des ateliers de danse, ou des gens qui dansent pour eux-mêmes, et tout ça serait d'autant plus possible si les gens travaillaient moins…

K. L. : Oui, absolument.

É. L. : Mais tout ça n'est pas reconnu comme valable par les États, la plupart du temps…

K. L. : Je suis d'accord. Mais ce qui est arrivé aux mines en Angleterre est un exemple classique de tout ça. Le travail dans les mines, s'il y a bien un travail dangereux et sale, c'est le travail dans les mines. Tu vois de quoi je veux parler, huit heures par jour sous terre. Tout le monde dans la famille de mon père avait été mineur. Mon grand-père était mineur. Et ce n'est pas le genre de travail qu'on peut souhaiter pour ses enfants… Mais ils avaient créé des communautés formidables ! Et puis les mines ont été fermées, à la fin des années 1980 et dans les années 1990, quand Thatcher a délibérément lutté contre les mineurs pour se débarrasser d'eux, à cause de leur force et de leur tradition militante qui lui posaient problème, et après cela on a laissé pourrir ces communautés. Aujourd'hui, si nous vivions dans des sociétés correctes, on investirait et on procurerait à ces gens de nouvelles fonctions. On ne les laisserait pas sans rien, leurs communautés seraient protégées. À la place de ça, ce qui se passe avec le capitalisme, c'est qu'on dit : d'accord, le capital s'effondre, nous partons, l'argent est transféré et investi ailleurs et des communautés entières sont abandonnées.

É. L. : Mais en même temps, on ne peut pas poser la communauté comme un idéal, les communautés peuvent être difficiles, par définition, et même toxiques. Quelle vie avait un enfant gay par exemple dans ces communautés de mineurs dont tu parlais ? Est-ce que la communauté le protégeait ? Je n'en suis pas sûr... Quelle est la vie d'un gay aujourd'hui qui grandit dans une cité ou une zone rurale en France ? Il y a aussi la domination masculine qui peut être très dure dans les classes populaires. J'ai connu dans mon enfance des femmes comme ma mère ou ma sœur qui en souffraient beaucoup, ma sœur a subi des formes de violences physiques de la part de plusieurs hommes. Pour les femmes, la communauté – implicitement : la communauté hétérosexuelle – est souvent le principe de l'oppression. L'enfant gay que j'ai été, dans un milieu ouvrier, aurait préféré que la communauté soit moins présente. Et en même temps, je comprends ce que tu veux dire, le fait est que les politiques contemporaines ont, en défaisant ces communautés, défait les syndicats, défait une culture de gauche très importante et la possibilité pour les plus précaires de s'organiser politiquement, parce qu'ils sont isolés, sans lieux en commun, sans culture professionnelle commune. Alors quelle est la solution ? Comment rendre l'organisation politique de nouveau possible, sans nostalgie ? Rien n'est facile, c'est comme ce qu'on se disait tout à l'heure sur les usines, si un ouvrier me dit : « Mais moi je veux continuer de travailler à l'usine », est-ce que, moi, je peux lui répondre : « Mais non, l'usine est aliénante et violente, tu ne dois pas vouloir ça » ? Qui peut décider pour un autre ce qui est violent ? Il n'y a pas de réponse facile.

Pour la question des communautés, peut-être que la modernité nous offre des manières de dépasser le problème. Internet, par exemple, peut permettre de créer des communautés choisies plutôt que des communautés subies : si on grandit dans un petit village isolé, on peut créer des liens avec la communauté gay sur internet, ou avec des gens avec qui on partage une passion, ce qui était beaucoup plus difficile dans les années 1960 ou 1970... Je comprends la violence que tu évoques, quand tu dis que le capitalisme détruit les communautés, mais en même temps je veux en tant qu'individu avoir le droit de quitter ou rejeter ma communauté si je le veux, et peut-être que la modernité a malgré tout rendu cela possible...

K. L. : Oui, c'est une remarque juste. En général, je pense que les gens sont plus tolérants aujourd'hui qu'ils ne l'étaient par le passé, et que les formes de communication modernes, comme internet, ont élargi les horizons des uns et des autres. Mais je pense que les personnes sont généreuses quand elles se sentent en sécurité. Et qu'elles sont plus intolérantes quand elles ne se sentent pas en sécurité. Que ce soit dans un contexte urbain ou dans un village, je pense que l'esprit de générosité vient du sentiment de sécurité matérielle.

É. L. : C'est vrai, pourtant est-ce qu'il n'y a pas aussi des mécanismes proprement idéologiques de racisme ou de domination masculine qui ne dépendent pas des conditions matérielles d'existence ? Est-ce que c'est la sécurité ou les conditions de vie ? Mais tu as raison, ce que tu dis sur le sentiment d'insécurité et sur les comportements qu'il peut engendrer est très juste. Je pense que c'est un phénomène complexe que tu as rendu visible dans tes films, le fait que quand des gens vivent dans des conditions sociales violentes et difficiles, avec une forme de violence sociale qui s'abat sur eux de manière constante, ils finissent souvent – pas mécaniquement mais souvent – par développer une forme de violence ou, au moins, d'agressivité vis-à-vis des autres. Ce que tu dis là sur l'insécurité et les conditions matérielles d'existence me semble aussi important pour échapper aux deux manières traditionnelles dont les classes populaires sont évoquées, autant dans les médias, que dans l'art ou dans la politique : il y a d'un côté, la vision réactionnaire, de droite, qui voit les pauvres comme, pour le dire rapidement, dangereux, violents, paresseux (et c'est par ces discours que sont justifiées toutes les réformes de persécution), et de l'autre coté, une vision prétendument de gauche, qui voit les pauvres comme authentiques, bons vivants, intrinsèquement bons et généreux. C'est un peu les deux mêmes visions qui ont structuré la perception colonialiste et raciste européenne au moment de la colonisation : les colonisés étaient soit vus comme des sauvages dangereux, violents, soit comme des bons sauvages, authentiques, avec un grand cœur, etc. Et ces deux visions prétendument opposées sont en réalité ce que Pierre Bourdieu aurait appelé « adversaires complices » : ils prétendent s'opposer, mais en réalité ils forment une seule et même structure de pensée. Il est frappant de voir à quel point ces deux points de vue complices, sauvages/bons sauvages, continuent de définir en grande partie la façon dont le discours public représente les dominés – les pauvres en particulier, mais pas seulement. Une des choses que j'essaye de montrer dans mes livres, et qui est très présente dans tes films, c'est la manière dont la violence, quand elle s'abat sur les individus de manière continue, les force à reproduire cette violence, comme s'ils en devenaient les conducteurs, comme si la violence n'était pas une propriété mais un flux… Ce qui veut dire que les hommes ou les femmes des classes populaires ne sont ni violents intrinsèquement ni des sortes d'anges authentiques (c'était la vision du réalisme socialiste !), mais que la violence qui traverse ces milieux est une violence prolongée, perpétuée, qui vient de la violence de classe. Ce qui veut dire que quelqu'un qui parle de l'homophobie ou du racisme dans les milieux populaires ne stigmatise pas les classes populaires, comme on a pu me le reprocher à la publication de *Eddy Bellegueule* ou de *Histoire de la violence*, mais montre au contraire que les dominés sont victimes de la violence deux fois : au moment où ils la reçoivent et au moment où ils sont contraints de la reconduire (ce qui ne veut pas dire que c'est systématique, que c'est à chaque fois ou qu'il n'y a pas de violence dans d'autres classes, pour d'autres raisons bien sûr !). C'est toute la vision de ce qu'est la violence qu'il faut repenser. Je pense que cette loi de perpétuation de la violence est une loi sociologique qui s'observe aussi au niveau individuel : tout le monde a vécu ça au moins une fois dans sa vie, vous avez une mauvaise journée au travail, vous rentrez, vous êtes épuisé, et vous êtes agressif ou agressive avec une personne que vous aimez. Plus tard, vous vous en voulez et vous pensez « mais pourquoi est-ce que j'ai été aussi agressif ? », parce que vous vous rendez compte que vous avez été traversé par une forme d'agressivité, de violence, qui ne vous appartient pas, que c'est ce flux, la violence, qui a utilisé votre corps comme un conducteur.

K. L. : Oui exactement. Je veux dire, c'est du stress que tout cela vient, non ? Quand vous travaillez, vous devez mettre un sourire sur votre visage, vous êtes dans le monde, vous devez présenter un visage public, pour les autres. Quand vous rentrez à la maison, après une longue journée au travail, vous n'êtes plus obligé de présenter cet autre visage à la place du vôtre, et c'est à ce moment que toute la pression ressort, exactement à ce moment-là. Pour le film, *Sorry We Missed You*, mon équipe et moi avons travaillé avec des travailleurs précaires, des chauffeurs qui doivent conduire douze heures par jour, sans aucune pause, juste pour pouvoir toucher le salaire minimum. Nous avons échangé aussi avec des personnes qui travaillent dans le soin, des infirmières, etc., qui sont dans la même situation, et beaucoup d'autres gens dans le même cas… Et ce stress économique, ce « il faut réussir à gagner assez d'argent, travailler le plus possible cette semaine », fait qu'à la fin de la semaine, quand vous rentrez chez vous, vous n'avez plus de patience pour les enfants, la famille, vous n'avez pas vu vos enfants, et le stress vient de cette épreuve économique constante, je pense.

É. L. : Il faudrait réussir à montrer qu'il existe ce qu'on pourrait appeler une *double violence de la politique* : d'abord au moment où les gouvernements suppriment des aides sociales, précarisent les conditions de travail, déremboursent des médicaments, etc. et ensuite quand ces réformes ont un impact intime sur la vie des gens, à cause de ce stress dont tu parles. À chaque réforme violente contre les classes les plus précaires, on peut imaginer qu'en conséquence des parents seront moins patients et moins compréhensifs avec leurs enfants, que des gens qui s'aiment seront moins tendres l'un envers l'autre. Peut-être que si dans mon enfance mon père avait vécu dans une situation économique moins lourde, il aurait été plus compréhensif vis-à-vis de ce qu'il voyait comme mon « anormalité », mon homosexualité. Quand on parle de violence politique, on ne pense jamais à ce deuxième aspect de la violence économique, l'aspect intime de la politique…

Questions à Ken Loach et Édouard Louis

Je voudrais poser une question sur la représentation. Je travaille pour une organisation qui s'appelle Hope not Hate. Nous luttons contre les politiques de haine et de rejet, et nous discutons avec beaucoup de personnes qui rencontrent les problèmes que vous évoquez tous les deux dans votre travail. Ce qui revient le plus souvent, dans ce que nous disent les gens, c'est le sentiment d'être sans voix, de ne pas être entendu, et ces gens articulent la plupart du temps ce sentiment à celui d'une censure par la culture du « politiquement correct »... Mais cette manière d'expliquer les choses, c'est la manière de la droite populiste, pourtant beaucoup de gens se reconnaissent dans cette narration, à cause du sentiment d'être pris au piège par des règles qu'ils n'ont pas contribué à créer. Et donc, ma question est la suivante : comment trouver sa propre voix ?

K. L. : Une des solutions possibles, c'est de faire partie d'une organisation collective, d'un syndicat. Parce que les autres personnes dans le syndicat partageront les mêmes problèmes que vous et vous pourrez en parler et saisir ces problèmes d'une façon, disons, bienveillante, et éviter de simplement réchauffer vos préjugés à travers la presse de droite. Je pense que faire partie d'un groupe, d'une communauté, d'une équipe de football, peu importe, n'importe quelle organisation qui rassemble des gens, fait remonter le meilleur à la surface.

É. L. : Je pense aussi qu'une voix ne peut émerger que s'il préexiste des espaces qui la rendent possible. Et ces espaces peuvent être très divers, cela peut être un film, un syndicat, une association, cela peut être un livre, un lieu, un parti politique. Et je pense que tes films, Ken, sont des espaces de ce genre, n'est-ce pas ? Je vois tes films, entre autres, comme des espaces à l'intérieur desquels il est possible de dire : « J'ai souffert, je souffre » ou « j'ai vu des gens souffrir autour de moi ». Et je pense qu'il est très difficile de réussir à faire ça. Quand j'ai publié *En finir avec Eddy Bellegueule*, dans lequel j'évoquais la pauvreté dans mon enfance, à la fois dans le village dans lequel j'ai grandi et dans ma famille, ma mère m'a appelé et m'a dit : « Pourquoi est-ce que tu dis dans ton livre qu'on était pauvre ? » Elle ne voulait pas que je le dise, parce qu'elle avait honte de la pauvreté. Parce que les gouvernements, les dominants, font sans cesse croire aux pauvres qu'ils sont responsables de leur pauvreté, que c'est de leur faute parce qu'ils n'ont pas assez étudié, pas assez travaillé... Ce qui fait que des gens qui ont souffert ne veulent plus dire : « J'ai souffert », et c'est un enjeu politique majeur. Comment transformer le monde si les personnes qui souffrent ont honte de souffrir ? Et donc ne veulent pas en parler ? Dans le champ littéraire ou politique, on entend souvent parler de « victimisation », comme si les gens se plaignaient trop, comme si le problème de notre monde était que les gens s'affirmaient trop systématiquement comme victimes. Le mot « victimisation » est une stratégie rhétorique et politique des dominants pour réduire les dominés à une forme de honte et de silence. Le diagnostic qui me paraît nécessaire est le diagnostic opposé : pourquoi, alors que les gens souffrent autant, qu'il y a autant de pauvreté, de violence sociale ou encore de violences sexuelles, pourquoi est-ce qu'il est aussi difficile de dire : « J'ai été victime de quelque chose, je suis victime de quelque chose » ?

J'ai travaillé avec des SDF pendant plus de sept ans, et je voulais savoir ce que vous pensiez de la situation des SDF en Angleterre, un des pays les plus riches du monde. Pensez-vous que les gouvernements prennent suffisamment en charge cette question ?

K. L. : Hum, ils se préoccupent plutôt du marché immobilier. Ils se fichent des SDF. Et l'idée selon laquelle le marché procurera par son accroissement des logements pour tous est bien évidemment une idée fausse. Parce que ces logements sont construits non pas pour que des gens puissent vivre dedans, mais pour pouvoir être achetés, parce que leur valeur finira par augmenter. Alors que pendant ce temps, en Angleterre, comme vous le savez sans doute mieux que moi, 130 000 enfants vivent dans des logements temporaires… Je ne voudrais pas être partie prenante, politiquement – non, en fait je veux être partie prenante –, mais l'idée de faire construire des logements sociaux, par la municipalité, ou des centres de soins, accessibles, ou des écoles… C'est quand même ça qu'il faudrait faire. Des choses qui pourraient faire de la vie une chose joyeuse à vivre, vous voyez ? Et je pense que mettre en place la construction de ces infrastructures est la seule solution, mais avec ces gouvernements en place, ce ne sera pas possible, on le sait.

É. L. : La situation est à peu près la même en France. On voit des gens dormir dans la rue, partout... C'est étrange d'ailleurs, parce que cette violence est ultra-visible, et en même temps elle n'interpelle presque plus. Cela rejoint ce que Ken disait avant sur le fait que les dominants savent qu'ils produisent de la violence. La question se pose donc pour la politique, mais aussi pour l'art : quels outils trouver, si la seule visibilité ne suffit pas, pour forcer celles et ceux qui ont du pouvoir à réagir ? Si le problème n'est pas de montrer quelque chose, comme le met en lumière la situation des SDF, mais de faire en sorte que les gens se confrontent à ce qu'ils savent déjà – mais qu'ils choisissent d'ignorer ?

K. L. : Je pense qu'on doit se débarrasser de ceux qui ont le pouvoir !

É. L. : Oui, bien sûr, les forcer à réagir, cela peut vouloir dire les faire partir, tu as raison !

K. L. : Ils ne changeront jamais.

É. L. : C'est certain...

J'aurais aimé savoir ce que vous pensez du rôle de la technologie dans les mouvements sociaux, qui depuis le début des années 2000 changent vraiment le visage de la politique. On l'a vu à Hong Kong. Au Chili. On le voit avec Extinction Rebellion. Ça, c'est ma première question. Ma seconde question porte sur le rôle que peut jouer l'empathie. Parce que, voir vos films, Ken, a toujours créé cette possibilité-là pour moi, celle de comprendre ceux que je ne connais pas…

K. L. : Je suis la mauvaise personne pour répondre à cette question, je n'allume presque jamais mon téléphone ! Mais je pense que clairement, la technologie, internet, les réseaux sociaux permettent de diffuser les messages et de communiquer avec un grand nombre de personnes qui sont animées par les mêmes combats, les mêmes idées. Je pense que le problème est que tout ça ne peut être qu'une étape, qu'ensuite il faut s'en éloigner, ou bien on ne trouve pas les moyens de produire concrètement du changement. À moins que vous puissiez analyser les forces qui nous mènent au désastre, et que vous sachiez comment intervenir contre elles, comment procéder ? À mon avis, l'action doit être liée à une analyse politique, et je pense que tout ça doit passer par un mouvement politique organisé et cohérent, que ce soit un parti ou autre chose, je ne sais pas. Je pense que dans le cas de l'Angleterre, nous avons besoin d'un parti. Je sais que nous avons eu de gros problèmes avec les partis – le parti travailliste en est le parfait exemple. Il a été dirigé par des personnes qui voulaient faire fonctionner le capitalisme, et simplement récupérer les quelques miettes qu'il restait sur la table. Donc, il est évident que les intérêts de la classe ouvrière n'ont pas été respectés dans notre démocratie apparente... Il n'empêche que je crois que les partis sont nécessaires. Pour votre seconde question, sur l'empathie, je te laisse la parole Édouard.

É. L. : Non, non, vas-y.

K. L. : Eh bien, l'empathie découle de la solidarité, non ? Elle émerge au moment où vous êtes capable de dire : « Ce combat n'est pas exactement le mien, il ne me concerne pas directement, mais je vais arrêter de travailler par solidarité avec ce mouvement. » Au moment où vous dites à d'autres : « D'accord, vous faites grève, vous avez absolument raison, les problèmes que vous affrontez finiront par nous concerner nous aussi, à moins qu'on ne décide de se joindre à vous et à votre combat. Et ensuite nous pourrons utiliser notre force, en tant que classe. »

É. L. : À propos des réseaux sociaux, il est certain qu'ils donnent une liberté et une autonomie par rapport aux médias traditionnels. Ils permettent de tenir des contre-discours par rapport à ce qui est habituellement admis dans l'espace médiatique, même si cela peut créer des formes de dérives… Ils peuvent être des contre-pouvoirs par rapport à l'espace médiatique, et on a vu dans la lutte contre le racisme aux États Unis à quel point c'était important. Les médias ont été confrontés à des images sur les réseaux qu'ils n'auraient peut-être pas prises en compte sinon.

Et votre position sur l'empathie ?

É. L. : C'est difficile parce que ce n'est pas avec ce terme-là que je réfléchis en général, c'est un peu abstrait pour moi. Je m'intéresse plutôt à la confrontation, c'est ce dont je parlais tout à l'heure ; comment faire en sorte que les lecteurs ou les lectrices se confrontent à la réalité qu'on leur montre ? Et qu'ils ne détournent pas le regard comme on le fait en croisant un SDF dans la rue ? C'est une question formelle autant que politique, peut-être une question avant tout esthétique d'ailleurs : si tout le monde a accès au réel, si tout le monde à peu près sait qu'il existe de la pauvreté, de la violence sociale, du racisme, comment faire pour que les gens s'y confrontent et que naisse en eux la volonté de changer cela ? Le temps où la littérature – ou les films – présentait une réalité que personne ne connaissait est presque totalement passé, même s'il reste des choses qu'on ignore bien sûr. Zola écrivait pour montrer la vie des ouvriers à l'usine ou dans les mines, Sartre écrivait pour rendre visibles les prostitués ou les homosexuels, il a d'ailleurs beaucoup écrit sur cet enjeu littéraire et politique, rendre visible… Maintenant, avec les nouveaux médias dont on parlait il y a un instant, les technologies, tout ou presque est visible. La question n'est donc plus de montrer, mais de confronter – je pense que c'est un basculement important : qu'est-ce que serait une esthétique de la confrontation ?

Dialogue II
Politique et transformation

K. L. : Il faudrait parler de la montée en puissance de l'extrême droite, qui est une menace importante, et qui, selon moi, cache les intérêts de grandes corporations derrière des discours populistes et nationalistes. Nous sommes à un moment critique. Comment est-ce que la gauche peut et doit réagir ? Pourquoi est-ce que la droite a réussi à s'imposer à ce point ? On a vu en ce début des années 2000 Vox en Espagne, Marine Le Pen en France, Salvini en Italie, Bolsonaro au Brésil, l'extrême droite toujours plus puissante en Pologne... Édouard, comment expliques-tu ce phénomène politique inquiétant, en France notamment, et comment penses-tu que la gauche doit réagir ? C'est une question simple !

É. L. : Très simple ! Non, sérieusement, c'est un phénomène complexe, et inquiétant. J'ai connu beaucoup de gens qui votaient pour l'extrême droite aux élections. Ce qui fait que, d'une certaine manière, c'est un phénomène que j'ai connu physiquement, que j'ai compris par corps, avant de m'y intéresser sociologiquement et politiquement comme nous le faisons là. Mon père votait pour les hommes et les femmes politiques d'extrême droite, tout comme une bonne partie des gens dans ma famille. Et ce qui est étonnant, c'est que les personnes autour de moi qui le faisaient livraient presque toujours, au moment où ils le faisaient, l'explication de leur geste – ce qui ne veut pas dire que cette explication est entièrement satisfaisante bien sûr. En tout cas, quand mon père ou quelqu'un dans mon entourage votait pour l'extrême droite, il ou elle disait : « La gauche s'en fiche de nous, ils ne parlent pas de nous », avant d'ajouter que l'extrême droite était la seule à se préoccuper d'eux, « les petits », les « ouvriers », « les gens comme [nous] ». Ce sentiment d'être invisible était très fort, ma mère répétait tous les jours : « Les politiques s'en foutent des petits comme nous. » Elle avait notamment l'impression d'être invisible dans les discours de la gauche progressiste, celle dont on aurait pu attendre qu'elle nous défende et qu'elle se batte pour nous.

C'est un phénomène que Didier Eribon a analysé dans son livre *Retour à Reims*. Une partie importante des classes populaires en France a, depuis la fin des années 1990 et le début des années 2000, l'impression que seule l'extrême droite les représente, parle d'eux, se soucie de leur existence, de leur corps et de leurs problèmes. Ce déplacement est lié à l'histoire politique, au fait que les partis de la gauche institutionnelle ont progressivement fait disparaître les pauvres, la précarité économique, la violence sociale de leur discours : le Parti socialiste en France, le SPD en Allemagne, le Labour en Angleterre, dans une mesure différente les démocrates aux États-Unis… Il est intéressant d'ailleurs de voir à quel point des partis différents, dans des pays différents, avec des cultures différentes, ont opéré une même trajectoire politique : celle de la disparition des classes populaires de leurs discours et de leurs combats. Pourtant je ne pense pas que ce soit la seule explication, car dans tous ces pays où la gauche modérée a abandonné les plus précaires, il existe des partis de gauche plus radicaux : pourquoi, alors, ne parviennent-ils pas à capter l'électorat populaire ? Pourquoi ne connaissent-ils pas la même ascension fulgurante que les partis d'extrême droite ? Je pense que ces partis de gauche ont du mal à opérer un renouvellement de leur cadre de pensée : comment articulent-ils la question des classes à celle des femmes par exemple ? Le féminisme du milieu du XXe siècle continue à avoir des effets, et ma mère, qui est une femme des classes populaires, sait, contrairement à sa propre mère, qu'elle est une femme et que cette condition sociale a des effets politiques particuliers. Elle sait par exemple que pendant toute sa vie, elle a voulu quitter un mari violent mais n'a pas pu le faire parce que l'État ne lui proposait aucune aide sociale pour se reconstruire loin de son mari, alors qu'elle n'avait pas de diplômes et pas d'expérience professionnelle, parce qu'elle a élevé des enfants toute sa vie, que mon père lui disait que c'était son rôle de femme et l'astreignait à rester à la maison. C'est ce que je te disais tout à l'heure, quand dans *En finir avec Eddy Bellegueule* j'ai essayé de parler du racisme, de l'homophobie ou de la domination masculine dans les classes populaires, cette gauche vieillissante a rétorqué – à coups d'attaques dans la presse notamment : Édouard Louis stigmatise les classes populaires. Mais c'était le contraire, j'essayais de parler aussi des femmes dans les classes populaires, des gays et des lesbiennes, des non-Blancs. Ça ne veut pas dire stigmatiser, ça veut dire inclure encore plus de gens dans cette catégorie de « classes populaires », des gens qui peuvent souffrir encore plus que les autres à l'intérieur de ce milieu. Tant que l'analyse de classe restera fondée sur l'image d'une communauté soudée, authentique, masculine et blanche, la gauche ne pourra jamais créer une dynamique politique et c'est toujours l'extrême droite qui gagnera – qui elle, comprend bien qu'il existe des fractures à l'intérieur des classes populaires, que les classes sont des espaces de luttes internes. Et elle exploite ces fractures à mauvais escient : les Noirs prennent le travail des Blancs, les homosexuels veulent imposer leur société à nos familles, etc.

L'urgence d'un renouvellement du discours de la gauche se voit aussi dans le rapport au travail : la gauche continue souvent de parler de productivité, de création d'emploi, etc. Or, les attentes des gens ont changé. On le voit dans ton film *Sorry We Missed You*, le jeune fils, qui a peut-être 14 ou 15 ans, ne veut plus travailler comme son père, être exploité comme lui, ne veut plus avoir de patron et recevoir d'ordres. Je pense que cette rétivité à l'égard du travail, même si elle a toujours existé, est un phénomène contemporain singulier, et une bonne nouvelle. Beaucoup de gens ne veulent plus travailler autant qu'avant et se faire exploiter de la même manière, c'est le basculement visible dans *Sorry We Missed You*. Mon père voyait encore le travail comme une valeur, mes frères et sœur, nés au début des années 2000, ont compris que ce discours était un discours venu des dominants visant à les exploiter. La raison du succès des nouvelles entreprises comme Uber, en tout cas une des raisons, c'est que les gens peuvent travailler sans patron, en choisissant leurs horaires, sans recevoir d'ordres, etc., et ils préfèrent souvent gagner moins et avoir cette liberté-là. Cette méfiance contemporaine à l'égard du travail dans ses formes traditionnelles et des hiérarchies est un phénomène dont la gauche doit pouvoir se saisir, sans se battre pour un retour aux formes anciennes en disant : « Non, Uber c'est mauvais, c'est le mal », etc. On devrait plutôt se demander : comment accorder ces formes nouvelles de travail avec des droits sociaux, de la protection ? Malheureusement, les seuls à prendre en charge ce discours aujourd'hui, c'est la droite, qui, elle, voit un intérêt dans la transformation du travail : plus de contrats, plus de contraintes pour les possédants, plus de droits sociaux, etc. Tu ne crois pas que c'est une chance magnifique pour nous de transformer le langage de la gauche ?

K. L. : Oui absolument. La gauche, ces dernières années, son intérêt prioritaire a été de faire fonctionner les entreprises, pas de se battre pour les classes populaires ou leur sécurité ou leur salaire. Et je pense que ce que tu viens de dire sur le travail est très intéressant, c'est ce qu'ils appellent la « flexibilité » ici en Angleterre.

É. L. : Mais ça justement, c'est le langage de la droite, et c'est justement pour ça qu'il faut repenser les choses.

K. L. : Ce qui fonctionnerait, c'est si la flexibilité pouvait exister des deux côtés. On pourrait se réveiller et appeler son patron et lui dire « désolé, je ne viendrai pas travailler aujourd'hui, juste parce que je n'ai pas envie. Mais je voudrais être payé quand même »… On voit bien que la flexibilité ne fonctionne que pour les intérêts de l'employeur… Et je pense que ce genre de fonctionnement peut être attirant quand tu es jeune, quand tu as une sorte de rapport distant au travail, mais quand tu as une famille, et des factures à payer, tu as besoin d'un salaire stable. Et on ne peut pas avoir de salaire stable si on n'a pas de travail stable.

É. L. : Mais ça, c'est parce que cette flexibilité fonctionne dans le mauvais système, non ? Qu'est-ce que serait le passage de la flexibilité à la liberté ? Un système dans lequel il y aurait des garanties sociales pour les gens, des protections, mais où le travail ne serait pas seulement pensé sur le mode de la famille et du foyer ? Tu ne crois pas que ce soit possible ?

K. L. : Oui, pourquoi pas. Peut-être à travers des coopératives et des collectifs de travail.

É. L. : Par exemple !

K. L. : Mais cette transformation nécessiterait tout un nouveau système cohérent, un système pensé dans son ensemble. Or, le grand problème de la gauche, notamment en Angleterre, c'est qu'elle s'est longtemps identifiée aux intérêts de l'employeur. Pourtant, il est vrai qu'une transformation s'est fait ressentir ces dernières années en Angleterre, et au moment de l'élection de Jeremy Corbyn à la tête du parti travailliste, le parti a opéré un virage à 180 degrés. Le parti travailliste s'est mis à parler du droit du travail, de l'accès à la santé, du droit d'être opéré en cas de maladie, par exemple, sans devoir attendre des mois… La protection sociale, le fait de s'occuper des personnes âgées dans la dignité. Un salaire minimum pour tous, qui permettrait de vivre, tout simplement. Ou encore l'idée de protéger la planète ou de ralentir les effets du changement climatique. Tous ces sujets ont réémergé et sont présents à l'intérieur de la gauche. L'autre problème, ce sont les campagnes de calomnies et de mensonges contre la gauche quand elle tente de mettre en place ces changements. C'est très intense et c'est systématique. Mais en un sens je suis d'accord avec toi sur le fait que nous devons inventer un nouveau langage, et ce afin de vraiment réinterpréter les revendications et les attentes que les gens ont.

É. L. : Oui, parce qu'inventer un nouveau langage, c'est inventer de nouvelles personnes et de nouveaux sujets politiques. J'ai connu beaucoup d'hommes des classes populaires qui, comme mon père, à la fois tenaient des propos extrêmement violents contre les homosexuels et, à la fois, s'ils voyaient un gay se faire agresser, prenaient sa défense. (C'est sans doute d'ailleurs une différence de classe entre les dominants et les dominés, les haines des dominants sont idéologiques, et donc inflexibles, alors que la haine chez les dominés est souvent plus un automatisme de langage, et donc quelque chose de plus malléable.) Le fait est que les individus qui nous entourent ont souvent plusieurs possibilités en eux, plusieurs personnes à l'intérieur d'eux-mêmes, et donc ce qu'ils disent et ce qu'ils font dépend beaucoup des discours qui circulent dans l'espace public. Si mon père avait à la fois en lui un homme qui disait « il faut se débarrasser des homosexuels » et un autre homme qui défendait les gays qu'il voyait se faire agresser, alors dans un contexte où l'extrême droite est dominante, la première personnalité ressortira d'autant plus, et la seconde sera enfouie (je prends des exemples personnels non pas pour parler de ma famille en tant que telle, mais parce que c'est à travers cet angle-là que je me sens plus juste et plus proche du vrai). Les individus, étant donné leur pluralité, deviennent d'autres individus dans d'autres contextes politiques. C'est pour cela que les discours de la gauche sont importants, parce qu'il est presque impossible de changer un individu isolé, mais paradoxalement il est possible de transformer des individus collectivement, en transformant le langage et sa circulation dans l'espace public, puisque cette transformation est toujours potentiellement possible grâce à la pluralité des manières d'être propre à chaque individu.

K. L. : Je pense que tu formules et articules tout ça très bien. Tu montres les impulsions contradictoires chez les gens, je pense que c'est une chose que tu illustres de façon très précise dans tes livres. Tu démontres que la même personne peut être en même temps généreuse et en même temps irrationnellement dure et violente, et aussi que cette personne ne comprend pas toujours pourquoi elle se comporte aussi brutalement. Il y a des éléments contradictoires en chacun, je pense que c'est très vrai. Et pour cette raison, nous voulons un système qui fasse ressortir le meilleur chez les gens.

É. L. : Oui. C'est la raison pour laquelle en construisant une gauche forte, on peut changer les rapports entre les individus, ce n'est pas seulement politique, c'est aussi un phénomène qui a des effets au niveau le plus individuel : comment est-ce qu'on se comporte avec les autres ? Quels sont les discours qui régissent nos actes ? Peut-être qu'un père qui vit dans un pays où la gauche lutte contre l'homophobie sera moins dur avec son fils gay, qu'il l'aimera plus, sera plus tendre. La politique, c'est aussi la possibilité de l'amour.

K. L. : Encore une fois, je pense que tout ça vient du sentiment de sécurité, n'est ce pas ? Si tu te sens en sécurité, tu peux être généreux. Si tu ne te sens pas menacé personnellement, tu peux d'autant plus facilement accueillir celles et ceux qui ont besoin d'aide, que ce soit parce qu'ils cherchent l'asile ou pour une autre raison, n'importe quelle raison qu'une communauté peut affronter. C'est quand on se sent bien qu'on peut être généreux. Si tu as peur, si tu te sens en danger, si tu es sans espoir, si tu te sens poussé au cynisme, alors tu rejettes les autres.

É. L. : Mais alors comment tu interprètes le fait que les dominants ont cette sécurité et qu'ils ne sont pas pour autant accueillants ?

K. L. : Parce qu'eux ne peuvent maintenir leur sécurité qu'en maintenant tous les autres en dessous d'eux !

É. L. : C'est la réponse que j'attendais !

K. L. : C'est comme cela qu'ils contrôlent l'empire n'est-ce pas ? En maintenant les indigènes à leur place. Et en maintenant les classes populaires à leur place. Ils ne peuvent pas se permettre d'être généreux, parce que leur richesse dépend de la misère des autres. C'est pour cela que nous avons besoin d'un autre type de société, fondée sur l'égalité et la solidarité, et la liberté.

É. L. : Pourquoi crois-tu que ces sujets que tu abordes à l'instant sont aussi peu discutés dans l'espace public et médiatique aujourd'hui ? Au fond, c'est comme si la droite et l'extrême droite ne gagnaient pas seulement électoralement, comme nous étions en train de nous le dire, mais aussi discursivement. Les idées de la droite sont présentes partout dans les médias, et la gauche, depuis quelques années, au lieu de créer son propre langage, ne cesse de répondre aux questions et au langage de la droite, de réagir. C'est une inversion importante par rapport aux années 1960-1970 je pense : à cette époque, la gauche créait des débats, des questions : la liberté sexuelle, le droit à l'avortement, la sécurité sociale. C'est comme si aujourd'hui c'était le contraire, et que les idées de droite étaient celles que tout le monde débattait. Il suffit qu'une personnalité de droite dise une chose idiote pour que les médias et les réseaux sociaux s'en emparent et en débattent infiniment… Comme une fascination pour la droite, dans les cerveaux.

K. L. : C'est tout à fait vrai.

É. L. : La gauche sera puissante aussi quand elle se saisira du silence. Quand elle apprendra à ignorer la violence de la droite, et qu'elle posera ses propres questions, avec son propre langage, plutôt que de réagir sans cesse aux questions de la droite – et donc quand elle cessera de se laisser enfermer dans le langage de la droite. Le silence est intéressant comme arme politique, car il est le contraire de la censure : on ne vous empêche pas de parler – dites ce que vous voulez –, nous ne nous laisserons pas enfermer dans votre langage, nous ne réagirons pas.

K. L. : Absolument. Et la diffusion de ces idées de droite vient du fait que nous vivons, ici, dans un pays avec une presse d'extrême droite. Une grande partie de la presse est d'extrême droite en Angleterre. Et le discours public, par opposition à ce qui se passe sur les réseaux sociaux, est largement dominé par les idées d'extrême droite. Le résultat, c'est que quand une personne de gauche exprime et propose des idées, elles ne sont pas prises en compte, les médias demandent à la gauche de commenter les idées d'extrême droite. Et le mécanisme qui régit tout cela est très clair. Je veux dire, la presse est détenue ici – je ne sais pas si c'est la même chose en France – par des personnalités très riches, qui ne vivent pas en Angleterre. Ils possèdent la presse, et ils veulent nous dire ce que nous devons penser. Je pense qu'il faudrait mener des politiques contre ça. Non pas pour défendre la liberté de la presse, comme on l'entend souvent, mais pour créer la liberté de la presse.

É. L. : C'est une très belle idée. Non pas défendre, mais créer.

K. L. : Parce que toute cette question est liée à celle de la gauche et de sa reconstruction.

Questions à Ken Loach et Édouard Louis

V*otre travail à tous les deux met en scène des protagonistes des classes populaires. Ken, je pense que l'immense succès de votre film* Kes *est dû au fait que ce film est devenu, à cet égard, un point de référence pour tout le monde dans les années 1970. Mais est-ce que dans les conditions actuelles votre travail peut avoir le même impact que* Kes *? Est-ce que votre travail est toujours accessible ou, tout simplement, est-ce qu'un enfant des classes populaires pourrait voir vos films plus tardifs, comme* Moi, Daniel Blake, *ou* Sorry We Missed You *? Et vous, Édouard, est-ce que vous pensez que vos livres peuvent atteindre le public des classes populaires, tout comme l'avait fait* Kes, *dans les années 1970 ?*

É. L. : Je pense qu'un artiste ou une artiste ne doit jamais prendre les choses comme acquises et doit toujours tenter de diffuser et de rendre visibles et audibles son discours et ses combats. Et je pense que c'est la raison pour laquelle il est important que les artistes aillent dans la rue, manifestent, prennent position politiquement, s'engagent ou interviennent dans les lycées ou les universités par exemple. Je ne vois pas ça comme un plus, comme des activités qui seraient à côté de l'acte de la création, mais plutôt comme une démarche, une éthique générale de la création – une éthique généreuse, et une éthique de combat, qui consiste à essayer de faire exister des idées justes dans le plus de lieux possible. Quand j'interviens dans des lycées ou que je participe à un mouvement social, non seulement j'apprends beaucoup, mais en plus j'ai l'occasion d'essayer de faire exister des idées dans des lieux ou dans des classes qui sont tenues habituellement à l'écart de la littérature. Je pense qu'une éthique juste de l'art consiste à faire exister l'art là où il n'est habituellement pas présent – c'est ce qu'Ariane Mnouchkine a voulu faire avec le théâtre, par exemple. Ken, tu disais tout à l'heure que les riches se fichent des pauvres et qu'ils sont riches uniquement parce que d'autres personnes sont pauvres, mais c'est aussi ce qui se passe avec l'art et la culture. Certaines personnes ont accès à la culture, l'art, le cinéma, la littérature, parce que d'autres n'y ont pas accès, et ceux qui ont le capital culturel ont intérêt à ce que d'autres n'en aient pas, ou le moins possible – ce que Pierre Bourdieu appelle la *distinction*. Les progressistes doivent remettre en question la culture et son système, sortir des discours naïfs sur la culture « qui nous réunit », qui nous « ouvre les yeux », qui nous « grandit », etc. La définition de la culture – la culture légitime –, c'est avant tout l'écart violent entre ceux qui y ont accès et ceux qui n'y ont pas accès, non ?

K. L. : En ce qui concerne le film, je crois qu'on a un seul *Kes* dans une carrière artistique, une seule œuvre qui dure et qui se diffuse comme l'a fait *Kes*. Mais pour les deux autres films dont vous parlez, *Moi, Daniel Blake* et *Sorry We Missed You*, nous avons organisé des projections pour des communautés qui ont moins accès au cinéma, le film a été diffusé dans des salles de réunion syndicale, même dans des églises ou dans des petites salles au-dessus des pubs, des lieux où il était possible de voir les films gratuitement ; ou encore nous avons reversé l'argent de la billetterie pour soutenir une campagne politique ou une œuvre de charité, tout ça dans des régions et des villes où les gens ne vont pas dans les cinémas d'art et d'essai – qu'il y en ait un à proximité ou pas. Presque sept cents projections de ce type ont été organisées à la sortie de *Moi, Daniel Blake*. Et c'est une possibilité totalement nouvelle, ça ne se faisait pas avant, vous voyez, qu'un film puisse être projeté à l'extérieur d'un cinéma, c'est magnifique. La même chose a été faite avec *Sorry We Missed You*.

Quelle est, selon vous, et en particulier en période de crise politique, la valeur de l'art ?

K. L. : La valeur de l'art ? D'abord, l'art devrait être tout ce qu'il veut être. Il devrait être ce que l'imagination produit, vous ne croyez pas ? Ce que je crois, c'est qu'à partir du moment où vous dites « l'art devrait être ceci » ou « l'art devrait être cela », alors vous tuez totalement la créativité. Et vous vous retrouvez face à un art totalement commercial. Mais je pense que si vous avez assez de chance pour faire des films ou écrire des livres ou n'importe quoi d'autre, vous pouvez défendre des principes sur la façon de vivre. Les grandes valeurs d'égalité, de fraternité ou de liberté. Vous pouvez dire, regardez, c'est selon ces principes que nous devrions vivre.

É. L. : Pour ma part, je pense qu'il faudrait toujours entretenir une sorte de méfiance à l'égard de l'art, qui est l'envers du discours des dominants sur la nécessité de l'art dans nos sociétés. Car le plus souvent, dire ça, « nous avons besoin de l'art », ne sert qu'à réaffirmer indirectement son propre privilège, son propre accès et sa propre relation de classe à l'art, par opposition aux masses barbares qui ne s'y intéressent pas. Plus on sera dur et critique vis-à-vis de l'art, et meilleur sera l'art, vous ne croyez pas ? En vérité, l'histoire de l'art est l'histoire d'une polémique avec l'art, et c'est comme ça que les choses avancent. Le cinéma et la littérature ont exclu ou caricaturé les pauvres pendant si longtemps, et les Noirs, et les homosexuels ou les transgenres, à une époque où la bourgeoisie culturelle tenait déjà ses discours sur l'importance de l'art et sa capacité à nous rendre meilleurs. Toni Morrison, en écrivant sur les Noirs, ou Émile Zola, en écrivant sur les pauvres, ont en fait agressé l'art et la littérature, agressé la définition dominante de la littérature au moment où ils écrivaient. On parle toujours d'eux comme des auteurs de l'histoire de la littérature mais ils ont écrit aussi contre la littérature – même s'ils avaient des modèles et des inspirations dans le champ littéraire, Victor Hugo pour Zola ou

Zora Neale Hurston pour Toni Morrison. L'art se fait dans une forme de colère contre l'art, et pas quand il sert d'instrument de contentement de soi pour les classes dominantes.

K. L. : C'est tellement important ! La dernière chose que nous voulons, c'est une galerie d'art sponsorisée par telle ou telle entreprise. L'art doit être subversif. Si vous n'avez pas un niveau de colère suffisant en vous, il vaut mieux rester chez soi, n'est-ce pas ?

É. L. : Oui !

K. L. : Parce qu'il faut réussir à se connecter, se connecter aux sentiments que les gens éprouvent, et étant donné que le grand pilier de la politique radicale, c'est la lutte, on apprend à travers la lutte, on crée à travers la lutte. Tu as tout à fait raison sur ce point Édouard, il existe un establishment dans le monde la littérature, du cinéma et du théâtre.

É. L. : Exactement. Et parfois la violence du capital culturel est encore plus forte que celle du capital économique, parce que la bourgeoisie culturelle a l'impression d'être du bon coté du monde, précisément à cause de son rapport à la culture. C'est aussi ça qu'il faut remettre en question.

K. L. : Je suis si heureux d'entendre ça.

Cette question est plutôt pour Édouard. Vous parlez souvent du fait de confronter les lecteurs et les lectrices en les mettant mal à l'aise, les questionnant. Pourquoi opposer cette démarche à celle qui consiste à inspirer les gens ?

É. L. : Vous avez raison, ce ne sont pas deux gestes opposés, c'est une même démarche. L'art doit rendre le monde insupportable, en montrant à quel point le monde l'est dans la réalité, et c'est en montrant à quel point il est insupportable qu'on peut donner l'énergie et l'inspiration aux autres pour le rendre plus supportable, plus beau. J'ai toujours trouvé que les livres les plus difficiles, les plus violents, les films les plus violents, étaient les plus beaux, en un sens. C'est presque mystérieux, comment des livres aussi durs et aussi violents que *Beloved* de Toni Morrison par exemple, qui dépeint l'esclavage en Amérique, peuvent dégager une telle impression de beauté ? C'est troublant. Ce n'est pas seulement la langue ou la poésie de Morrison. C'est parce qu'une œuvre comme celle-là montre du réel, du vrai, et que la plupart du temps le réel est enterré sous les discours, les mensonges d'État, les idéologies, les populismes, les erreurs, ce qui fait que quand nous sommes confrontés à du réel, nous ressentons une forme de soulagement : Ah ! Enfin du vrai ! Gilles Deleuze disait que les révoltes de mai 68 étaient belles non pas parce qu'elles inventaient du rêve et de l'utopie, mais parce qu'elles faisaient apparaître du réel – le désir, le désir de vivre mieux, de vivre sa sexualité, de vivre autrement. Historiquement, le marxisme ou le mouvement gay, par exemple, n'ont pas tenu des discours enchanteurs, ils ont parlé de l'exploitation, de la violence, de l'homophobie, et c'est en mettant au jour ces réalités qu'ils ont permis de créer un tout petit peu plus de beauté, un peu moins de laideur dans la vie des personnes LGBT ou des ouvriers. C'est ce que je pense de tes films, Ken. Je pense qu'ils sont beaux parce qu'ils sont tristes et violents, et que la réalité est triste et violente. Et voir le réel tel qu'il est me donne de la force.

K. L. : Oui, enfin j'espère que nous ne donnons pas l'impression de nous flatter tous les deux, mais quand même, les moments de tendresse dans tes livres sont particulièrement inspirants. Quand j'y réfléchis, il y a des gestes de générosité et des moments de tendresse dans ce que tu écris, et c'est inspirant.

É. L. : Ah oui, tu as raison ! J'oublie toujours de parler de cette dimension-là, je parle des choses tristes mais j'oublie toujours de mentionner la tendresse, tu as raison.

Je voudrais poser une question sur les lieux et les espaces. Que serait selon vous un espace sécurisant pour les minorités, qui par exemple n'arrivent pas à s'intégrer au système scolaire ?

K. L. : L'idée selon laquelle le monde est dangereux et qu'il faudrait créer des espaces où les gens se sentiraient en sécurité est une impasse. Tous les espaces devraient offrir de la sécurité. Si les gens se sentent bien, c'est ce que nous disions tout à l'heure, ils seront tolérants. Mais cela demande de repenser la vie quotidienne dans son ensemble, comment les gens travaillent, comment ils peuvent se détendre, etc.

É. L. : C'est intéressant de t'entendre parler de sécurité Ken, car c'est un thème souvent associé à la droite et aux conservateurs, qui articulent le plus souvent leurs projets pour la société à celui d'un besoin de sécurité – plus de police, plus d'armée, plus de politiques pénales et de punition. Je pense que c'est un beau programme de parler de la sécurité à gauche, au sens de la sécurité sociale, des aides sociales, des droits du travail et des minorités.

K. L. : Oui, le mot « sécurité » a toujours deux faces. Ce qui est sûr c'est que tout ce que nous nous disons depuis tout à l'heure nous mène à un constat : nous traversons un moment critique. Nous luttons pour trouver une manière radicale et progressiste de vivre ensemble. Et tu exprimes très clairement et très précisément les raisons pour lesquelles nous en avons besoin. Dans nos situations, en France et en Angleterre, nous nous trouvons dans des cas de figure relativement différents des autres pays, car nous avons des partis de masse à gauche qui peuvent engendrer de grands changements. La question est de savoir si cela va avoir lieu ou pas, et quelle que soit l'issue engendrée par nos décisions, nous ne devons pas nous arrêter, on ne doit pas abandonner la possibilité de vivre ensemble, collectivement. Je sais que « vivre ensemble » est une expression compliquée, mais je suis certain qu'elle possède un sens politique que devrait refléter la manière dont nous organisons la vie en société. Que pourrait être le bien commun ?

É. L. : Le changement passera autant par les mouvements sociaux que par l'art ou le vote. En revanche, je ne crois pas qu'il faille chercher le bien commun mais les fractures, les oppositions, les tensions, qui de toute façon existent. Car le bien des dominés sera possible contre ce que les dominants voient comme étant leur bien. Ce n'est pas le bien commun, c'est l'amélioration de la vie de ceux qui souffrent, contre ceux qui ont tout.

K. L. : Mais est-ce qu'on ne peut pas changer ça, le fait qu'ils possèdent tout ? Leur faire comprendre qu'il faut partager ?

Table

Dans la même collection

Édouard Louis (dir.), *Pierre Bourdieu, l'insoumission en héritage*, 2013.

François Caillat (dir.), *Foucault contre lui-même*, 2014.

Didier Eribon, *Théories de la littérature. Système du genre et verdicts sexuels*, 2015.

Dénètem Touam Bona, *Fugitif, où cours-tu ?*, 2016.

Geoffroy de Lagasnerie, *Penser dans un monde mauvais*, 2017.

Geoffroy de Lagasnerie, *L'art impossible*, 2020.

Composition et mise en pages
Nord Compo à Villeneuve-d'Ascq

Achevé d'imprimer en mars 2021
sur les presses de Normandie Roto Impression s.a.s.
61250 Lonrai
N° d'impression : 2101210

Imprimé en France

PEFC
10-31-2541
Certifié PEFC
Ce produit est issu de forêts gérées durablement et de sources contrôlées
www.pefc-france.org